PAUL MORIN

POUR NOS FUTURS CAVALIERS

FIRMIN-DIDOT & Cie

Pour nos futurs Cavaliers

TYPOGRAPHIE FIRMIN-DIDOT ET Cⁱᵉ. — MESNIL (EURE). — 6526.

Fig. 4. — Le service en campagne.

PAUL MORIN

Pour nos futurs Cavaliers

OUVRAGE ILLUSTRÉ DE 15 GRAVURES

MAISON DIDOT

FIRMIN-DIDOT ET Cⁱᵉ, ÉDITEURS

IMPRIMEURS DE L'INSTITUT, RUE JACOB, 56

PARIS

POUR

NOS FUTURS CAVALIERS

I

L'ESPRIT DE CORPS.

Hier j'étais soldat, aujourd'hui je suis dragon.

Il est surprenant comme l'esprit de corps naît avec facilité parmi les gens habillés de la même façon.

Je suis maintenant dragon des pieds à la tête, dragon dans l'âme.

Cela m'est venu en essayant mon casque, qui d'ailleurs me gêne un peu.

Il coiffe amplement ma tête, mais il y a dans sa position plus d'équilibre que de stabilité. Il faut le temps matériel de s'y habituer.

Pour le moment, je me fais l'effet d'un apprenti charcutier qui porte en ville des côtelettes à la sauce. L'idée seule que le moindre choc suffirait à me décoiffer en pleine rue, me fait frissonner. Je ne pense pas seulement à ma propre dignité, je songe aussi à celle de tout le régiment. Tant il est vrai que je suis étonnamment dragon.

Je me considère comme un être supérieur, car j'ai un cheval. Entendons-nous : j'ai un cheval sans en avoir un. Je ne l'ai pas encore vu ; mais je sais qu'à l'écurie repose un animal appartenant à la race chevaline, et qui porte le même matricule que votre serviteur.

Eh bien! cette possession à distance me rend déjà très fier : qu'est-ce que cela sera après que la présentation officielle aura été

faite? Cette cérémonie n'aura lieu qu'après
une série d'études longues et douloureuses,
supportées héroïquement, un peu par patrio-
tisme, un peu aussi par une noble fierté,
mais beaucoup surtout par la salutaire terreur qu'inspire à tout débutant dans la car-
rière des armes, les ga-
lons des supérieurs.

Je n'ai nullement
l'intention d'insinuer
que les gradés qui
commandent sont des
loups-garous; loin de
moi cette pensée! Mais
ils ont une façon bien

Fig. 2. — Dragon.

à eux de vous parler d'un lieu de plaisance
qui porte une multiplicité vraiment prodi-
gieuse d'étiquettes : *Le bloc, l'osto, le bal-
lon, la malle, le mazaro, la caisse,* etc.
L'idée d'aller villégiaturer en cette habita-
tion réfrigère tout le monde, et on recule le
voyage le plus possible.

La salle de police est le grand moteur, au régiment.

Eh bien, non! à la réflexion, il y a autre chose.

Des militaires qui peuvent avoir isolément assez peu de valeur, se trouvent grandis dès qu'ils sont ensemble.

Les sentiments que tel homme éprouvait lorsqu'il était en blouse et qu'il retrouvera sans doute en remettant ses sabots, il ne les éprouve plus sous l'uniforme ou les éprouve autrement. On ne se grise pas à la cantine comme on se grise au cabaret : le vin n'en est pas meilleur, mais on le boit autrement.

Je ne veux pas dire que tous les hommes qui entrent dans l'armée y deviennent forcément courageux et chevaleresques, mais tous y respirent un air encore empreint de loyauté et de dévouement : ils sont du moins forcés d'en constater l'existence.

La solidarité militaire est telle, qu'il est

impossible de s'abstraire absolument et de vivre au régiment sans y gagner quelques-unes de ces qualités indéniables qui sont l'âme de l'armée.

Et n'est-ce pas singulier? Le régiment est le seul endroit, dans la société moderne, où la hiérarchie soit respectée sans contestation, le seul ou les différentes classes d'individus soient séparées par des abîmes infranchissables, et le seul pourtant où tous les hommes soient véritablement unis par des idées et des sentiments communs, sans distinction de grade, de naissance et d'éducation.

Certes, la discipline et la crainte des punitions exercent une influence salutaire sur l'âme du troupier, mais la discipline ne leur demande pas d'être fiers de leurs officiers, glorieux du numéro qu'ils portent au col de leur tunique, d'être sensibles au moindre éloge que le régiment pourra recevoir dans la personne de son chef.

Qui donc oserait dire que le régiment où

l'on sert, n'a pas défilé devant le général d'une façon supérieure, inimitable, et que l'armée tout entière en sèchera de dépit?

Détesterait-on son colonel, personne, dans le régiment, ne supporterait qu'un étranger parlât de lui avec irrévérence. Car le plus simple des bleus comprend bientôt que l'insulte adressée au chef retombe sur tous les hommes qu'il commande.

II

L'ARRIVÉE. — LA BIENVENUE.

Oh! cette journée de début! La tête me tourne encore, comme si j'avais abusé du manège de chevaux de bois.

Il y a dans ma pauvre cervelle un mouvement giratoire de souvenirs qui me donne le mal de mer.

En descendant du train, la fanfare nous a donné une aubade comme à des ministres en voyage. Cela a beaucoup flatté notre vanité. Mais immédiatement après, il a fallu déchanter : l'adjudant entre les mains duquel le maréchal des logis, qui nous accompagnait, nous a remis, nous annonce qu'il est décidé à fourrer dedans toute recrue qui ne marcherait pas aligné et au pas. Nous faisons des prodiges pour obtempérer aux désirs du terrible ajudant; mais c'est difficile, quand on n'a pas l'habitude.

A la caserne, on nous mène au magasin d'habillement. On nous essaie des costumes. Oh! c'est bien mieux qu'au *Pont-Neuf* ou à *la Belle Jardinière*. Le chef de rayon est capitaine et décoré d'une multitude de croix et de médailles; malgré cela il n'est pas fier et prend nos mesures avec beaucoup de patience.

Un ancien de l'escadron où je suis versé met le comble à ma stupéfaction en me désignant un lieutenant, un gentleman d'une correction parfaite, ganté de blanc, bottes vernies, qui met la main à la pâte. On me dit son nom, qui évoque les croisades et les faits historiques les plus connus.

J'essaie en ce moment un pantalon à basanes, c'est un peu plus lourd qu'un pantalon civil; j'ai bien réussi à enfiler la

première jambe mais l'autre résiste ; le descendant des preux, qui a du sang royal dans
les veines, vient à mon secours : il tient la
basane et me dit douce-
ment : « Eh quoi, mon
garçon, vous ne savez
pas vous culotter ? »

Je suis un peu vexé, je
remercie et m'excuse. En
somme je suis très fier
d'avoir eu pour habilleur
un descendant des croi-
sés.

Nous sommes exté-
nués par cette journée de
début ; quelques anciens

Fig. 3. — Le Casque.

s'offrent gracieusement à nous servir de
guides pour visiter les curiosités de la ville.
Nous déclinons cette aimable proposition. Un
trompette malin insinue qu'il serait d'un très
mauvais exemple, pour les classes à venir,
si les bleus ne payaient pas quelques litres

de vin et un assortiment de charcuterie, pour
sceller l'amitié entre gens qui peut-être un
jour mêleront leur sang sur les champs
de batailles.

L'invitation à la valse, quoi.

Nous comprenons; nous nous cotisons entre les recrues de l'escadron, et une somme
assez rondelette est réunie.

Le trompette, auteur de la motion, est délégué pour aller en ville chercher la charcuterie; la cantinière fournira le pain blanc,
symbole des festins soldatesques, et le vin.

Un quart d'heure après, nous étions à
table.

Oh! la chambrée, éclairée par trois bouts
de chandelle fichés dans leur propre suif,
avec ses trente dragons en costumes d'é-
curie, attablés devant vingt-deux francs
soixante-quinze de charcuterie variée et à
l'ail, le tout flanqué de deux énormes cruches, nos cruches de toilette, pleines à dé-
border d'un vin ordinaire... extraordinaire!

J'avais bien proposé quelques bouteilles d'une qualité supérieure, mais l'ancien, chargé du menu, m'ayant fait remarquer que la quantité avait quelque chose de plus flatteur, et que de toutes façons, la qualité serait toujours la même, nous le priâmes de faire pour le mieux, en lui conseillant toutefois, avec douceur, de rincer un peu les amphores avant de les faire remplir, ce qu'il négligea complètement.

Ces vieilles et lourdes cruches écornées, ruisselant d'un sang violacé, avaient d'ailleurs grand air, posées sur la table massive et sauvage, tachée comme un dolmen druidique encore fumant du sacrifice.

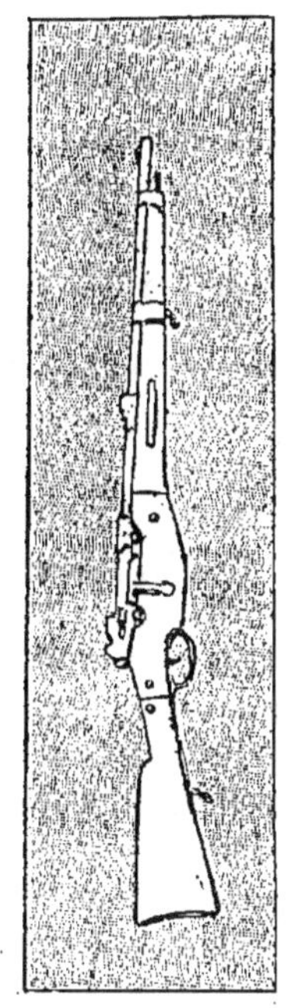

Fig. 4. — La Carabine de cavalerie.

C'est sur ces vieilles planches graisseuses que depuis nombre d'années on astique les cuirs, on polit les sabres et les casques, on cire les bottes, on démonte les carabines. C'est sur elles aussi qu'on mange et qu'on boit.

Elles ont conservé la trace de ces services multiples, ont gardé toutes les cicatrices, tous les parfums, sauf celui du savon noir réparateur.

Et la chambrée ressemble à une farouche esquisse de Callot. Les armes brillant dans l'ombre, cette confusion de sabres, de bottes éperonnées, de casques à longues crinières, d'uniformes, jetés çà et là, de selles et de brides oubliées. Il faut avoir vu ces lueurs vacillantes de chandelles fumeuses, ces visages rouges, ces grosses mains noires parmi la victuaille, ces bouches trop pleines, ce poêle démoli, ce sol fangeux, ce vacarme étrange au milieu duquel on distingue vaguement les éclats de rire, le bruit des mâchoires, et ayant vu et entendu on ne peut plus oublier.

Oh! cette bienvenue pantagruélique! A cette heure je la vois encore; que dis-je? Je la sens toujours!

Le trompette, ainsi que tous les anciens, aimait l'ail, tous en avaient abusé. Quinze jours après la chambrée en était encore toute parfumée.

A l'appel, chacun avait son plumet.

III

MON CHEVAL.

Enfin ! j'ai vu mon cheval. C'est un grand
alezan à l'air bon enfant. « Il est doux comme
un mouton », m'a dit le maréchal des logis
qui a fait la présentation, et répond au nom
euphonique de : *Prout-Cadet.*

Depuis quelques jours nous nous livrions
aux délices des classes à pied, de huit heures à dix heures du matin, juste avant le
déjeuner. Ça, c'est effroyable.

Subir ces deux heures d'exercices d'as-
souplissement et de maniement d'armes, au
grand air, les mains nues, l'estomac vide,
avec une carabine dont le contact glacé

fait l'effet d'une brûlure, tout cela n'est pas
réjouissant et me stupéfie un peu, moi qui
m'imaginais qu'un cavalier était un homme
qui faisait de l'équitation.

Le dernier quart d'heure serait même in-
tolérable si dame consigne n'était pas là
pour maintenir nos impatiences.

Tout concourt à rendre amères ces der-
nières quinze minutes : la faim, le froid, et
aussi la pensée que, tout à l'heure, on trou-
vera, en rentrant au quartier, les lettres qu'on
attend ; et on en attend toujours : cela devient
maladif.

Pour un soldat, recevoir un « mot d'é-
crit » est moins un plaisir qu'un honneur.
C'est une chose qui rehausse le caractère
et ajoute beaucoup à la considération. Cela
veut dire qu'on est en relation avec des personnes savantes et assez riches pour ne pas
regarder à un timbre-poste.

Mais revenons à mon cheval ; à partir de
ce tantôt nous allons aller au manège.

Nous avons fait connaissance avec Prout-
Cadet, dans des conditions qui scellent de
suite l'amitié.

Il m'était arrivé, le matin même, une vé-

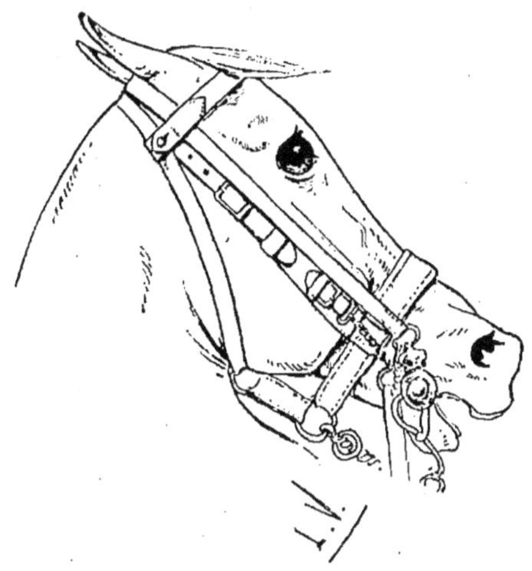

Fig. 5. — Mon cheval.

ritable catastrophe : j'avais cassé l'un de
mes sabots. Il fallut m'en trouver un autre
en moins de dix minutes car, justement,
on nous avait avertis qu'on allait nous mener aux écuries pour nous mettre en contact
avec nos bêtes et nous faire un brin de

théorie hippologique. Je ne peux suivre mes camarades à cloche-pied. Un ami se dévoue et me confie un des siens. Lui est exonéré de service. Personne ne s'est aperçu que je suis chaussé irrégulièrement. Mon cheval seul a souri doucement. C'est un animal qui a beaucoup vu, beaucoup observé, et qui possède en propre une dureté de trot remarquable. Il a aussi le secret des déplacements secs et inattendus.

Depuis ce jour nous vivons en assez bonne intelligence, quoique un peu sur la réserve. Je sens très bien que pendant nos longues heures d'intimité, il m'observe comme on fait pour un domestique que l'on ne connaît pas. Et moi, avec une servilité qui confine à la bassesse, je m'évertue à lui plaire, je le décrotte, je le lave avec des scrupules infinis; j'étudie ses points chatouilleux, j'évite l'ombre d'une rudesse, je le bouchonne en lui chantant des petits airs gais; je marivaude de mon étrille et je lui façonne des

Fig. 6. — Prout-Cadet.

lits délicieux de belle paille dorée, incomparablement plus doux que le mien. A-t-il éparpillé l'avoine dans sa mangeoire, je la ressemble en un petit tas pour sa plus grande commodité. Je suis doux, caressant, humble. Je lui fais ses chaussures, et il en salit deux paires à la fois. Je lui mets son vêtement de chambre, etc... Après tous ces soins, auxquels je consacre trois heures par jour, lui, propre comme un sou, et moi, sale comme un peigne, nous nous menons boire.

La première fois que nous avons été au manège, le lieutenant nous a demandé d'un ton paternel :

— Que ceux qui connaissent le cheval sortent du rang.

Personne n'a bronché. L'officier a eu un coup d'œil triste comme quelqu'un qui vient de perdre encore une illusion.

Pour mon compte j'étais tout à fait organisé pour faire un cavalier : j'adorais la marche, j'avais une sainte terreur du cheval, j'ignorais même élémentairement les lois de l'équilibre.

Notre lieutenant ne semble pas nous avoir gardé rancune de notre ignorance; il nous explique que pour monter à cheval il faut s'approcher de l'épaule gauche de la bête, non seulement pour monter plus aisément dessus, mais aussi pour éviter de recevoir des coups de pied, soit avec la jambe de devant, si l'on était vis-à-vis de l'encolure, soit avec celle de derrière si l'on était près du ventre. Il faut ensuite prendre le bout des rênes avec la main gauche et en même temps une poignée de crin près du garrot, et bien serrer ces deux choses. Il faut ensuite prendre avec la main droite le bas de l'étrivière près de l'étrier, tourner l'étrivière du côté du plat du cuir, ensuite mettre le pied gauche sur l'étrier, porter la main droite sur l'arçon de derrière, s'élever au-dessus de la selle, en passant la jambe droite étendue, enfin entrer sur la selle en se tenant le corps droit.

Ceci est théorique. Pour nous, les débutants, les choses se compliquent. Nous montons à poils, c'est-à-dire sans selle, et n'avons comme point d'appui qu'une seule rêne. Nous procédons, sous l'œil railleur des anciens, désignés pour guider les chevaux, un peu à la façon de l'ours Martin au jardin des Plantes, quand il veut monter à son arbre. Heureusement que les camarades nous donnent un coup de main.

Je suis à cheval. Ça été difficile, mais ça y est; ce qui me trouble surtout, c'est de penser qu'il va falloir descendre de mon trône. Je voudrais que la séance se perpétuât. Au reste j'ai bien tort de m'inquiéter : Prout-Cadet, animal dévoué, se chargera, tout à l'heure, de simplifier la difficulté.

' On marche d'abord au pas, cette allure convient assez à mon tempérament calme, mais voilà que ça se gâte : Le maréchal

des logis a lancé à plein poumons un formidable : « au trot! »

Le trot n'est pas ce qu'un vain peuple
pense. Notre lieutenant nous affirme sérieu-
sement que c'est l'allure la plus naturelle;
qu'en en usant on rend un cheval léger à
la main, sans lui abîmer la bouche et qu'on
lui dégourdit les membres sans les offenser.
Eh bien, tant mieux! Je ne tiens pas à m'at-
tirer d'affaire d'honneur avec Prout-Cadet;
surtout en ce moment où je suis entière-
ment à sa discrétion. Nous partons. Ah!
mes enfants, quel désastre! Les gradés nous
crient : « Tenez-vous droits, laissez tomber
les jambes naturellement. » Pour moi, j'ai
le pressentiment que c'est là un conseil su-
perflu; à moins qu'elles ne m'abandonnent
lâchement à mon triste sort, mes jambes
et moi tomberons ensemble.

Je bondis sur le dos de mon cheval
ainsi qu'une balle élastique, le cœur me
chavire, la tête me tourne, j'ai le mal de

mer, j'ai également très mal ailleurs; il s'est formé à mon pantalon un pli qui endolorit les parties charnues de mon faible individu; je souffre comme un damné; depuis combien de temps? Je l'ignore. Si j'avais, comme par hasard, un poignard sur moi, je me le plongerais dans le cœur.

Le Dante nous a trompés : l'enfer n'est pas ainsi qu'il nous l'a décrit : l'enfer c'est un manège où l'on fait du trot pendant des siècles et des siècles.

Une voix crie « halte! » Mon cheval s'arrête net, trop net même, car le heurt subit me précipite la tête la première dans la sciure. Je savais bien que mes jambes ne m'abandonneraient pas!

IV

LE RÉVEIL.

A l'aube naissante, le réveil éclate dans la cour du quartier; il met sur pied en un instant tous les dormeurs.

Le brigadier de semaine frappe discrètement à la porte de son sous-officier pour lui apprendre que tel cheval s'est embarré pendant la nuit et qu'il y a trois malades à l'escadron.

Le *marchi* (maréchal des logis) de semaine, qui fait un rêve doré, se réveille en sursaut, répond par un bâillement sonore, envoie le brigadier à tous les diables et finit par se lever en maugréant.

Cependant la corvée de litière s'active, et bientôt tout le monde, après avoir donné la botte, descend seller.

Pour cette délicate opération la couverture est pliée carrément, en s'assurant qu'elle ne fait aucun pli, ne présente aucun relief susceptible de blesser le cheval; les brides sont ajustées, les passants bouclés, l'escadron attend aux écuries. Bientôt on sonne à cheval et les pelotons se rallient sur les sous-officiers qui font l'appel. En une minute le régiment est en bataille autour de la cour; les maréchaux des logis rendent l'appel aux maréchaux-chefs, par abréviation dénommés « marchefs », qui le rendent à leur tour aux capitaines commandants.

Enfin l'heure du départ a sonné et les trompettes, montés sur leurs biquets blancs, prenant la tête de la colonne, entonnent gaiement la marche, suivie de fanfares et de refrain. Les montures mâchent leurs mors, piaffent et secouent leur crinière.

L'air des champs réveille les plus endormis, et bientôt un temps de trot amène
le régiment sur le terrain.

En arrivant, tout le monde met pied à
terre pour ressan-
gler les chevaux; le
médecin et le vété-
rinaire vont fumer
une cigarette.

La manœuvre
commence, les esca-
drons s'ébranlent;
c'est alors une inex-
tricable combinai-
son de conversions
et de formations en

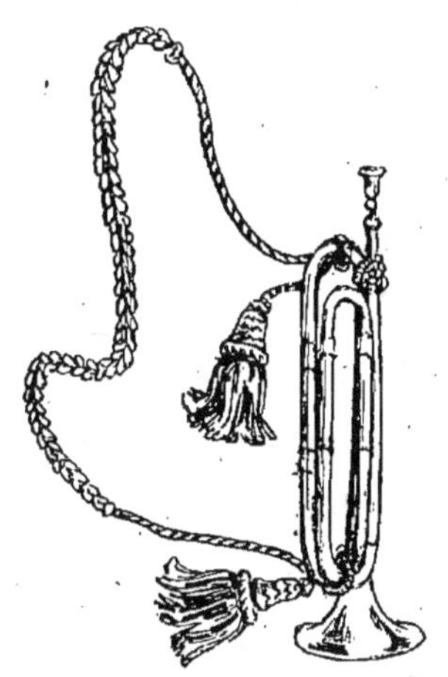

Fig. 7. — Trompette de cavalerie.

colonne et en bataille, une série d'évolu-
tions plus compliquées et plus rapides les
unes que les autres.

On n'entend plus que le galop des chevaux
qui s'excitent entre eux.

C'est une grande joie et en même temps un grand honneur pour un bleu quand il est appelé, ses classes de dressage terminées, à faire partie de l'école de peloton.

Je me souviens de mes débuts.

Il avait plu toute la nuit, la manœuvre avait lieu dans une immense plaine. Nous avons pataugé militairement pendant trois heures, ruisselants, trempés, boueux, mais véritablement radieux et grisés; grisés... de je ne sais quoi. De mouvement, de grand air, de pluie, de bruit, de vent, de gloire aussi. Oui, de gloire. Il est impossible d'exécuter une charge, avec ardeur et entrain, sans éprouver quelque chose qui ressemble à un triomphe; triomphe très imaginaire mais aussi très réel.

Le danger est nul, nous le savons; l'ennemi facile à culbuter, d'autant plus facile qu'il est représenté par deux porte-fanions qui se hâteront de s'écarter pour nous faire place; il n'y aura pas de sang de répandu. Tout cela n'est que l'ombre, la parodie de la guerre, et ce que nous éprouvons n'est aussi que l'ombre des émotions du champ de bataille; mais cela nous suffit.

Le fait est que, lorsqu'à six ou sept cents mètres de cet ennemi pour rire nous entendons comman- der par le capitaine :

« Au galop — marche! » et qu'un instant après il ajoute :

« Pour l'attaque! » en diri- geant la pointe de son sabre vers l'obstacle qu'il faut emporter, tout le monde est ému.

La terre tremble, les chevaux font le diable, tirent à la main à vous briser le poignet, la boue vous inonde, la pluie vous aveugle, on se

Fig. 8. — Éten- dard de ca- valerie.

serre les uns contre les autres, on est botte à botte, les genoux se touchent à se briser, tous ces corps ne font plus qu'un, et c'est, j'imagine, dans ce moment solennel qui précède le grand effort, qu'est née tout à coup la fraternité des armes.

Je ne sais qui vous pousse, je ne sais quoi vous gonfle le cœur... si bien qu'à soixante mètres de l'ennemi lorsque éclate le grand mot :

« Chargez! » on est hors de soi et l'on voudrait que ce fut sérieux.

Il n'y a certainement pas un homme ayant le sabre au poing qui ait pu entendre ce commandement sans émotion.

Ce mot « chargez » veut dire : « Mes braves, la vie n'est rien, l'honneur est tout! »

Et de Fontenoy à Reischoffen, en passant par les guerres de l'Empire, des millions de héros, obscurs ou illustres, se sont fait tuer pour prouver qu'il dit vrai.

Et nous ne prétendons pas que ce genre de bravoure soit le monopole du cavalier français. Nous conservons le même respect pour le cosaque, qui, démonté, continue à faire le coup de feu.

Fig. 9. — Cosaque démonté.

V

LE PANSAGE.

A neuf heures, le trompette de garde s'a-
vance au milieu de la cour, embouche son
instrument, ce qui suscite un remuement
général : la corvée de pain, que réunit l'adjudant descendant de semaine, la corvée de
charbon, conduite par le marchi d'ordinaire,
la corvée de viande et de pain de soupe —
appelée généralement corvée de cuisine —
dirigée par les brigadiers d'ordinaire, le
pansage sous la surveillance du « service de
semaine », le rassemblement des trompettes
pour les répétitions de la fanfare...

Mais laissons les corvées disparaître à
l'horizon, et jetons un coup d'œil au pan-

sage. Tous les chevaux, attachés, courent aux barres ou aux anneaux, se secouent, lèchent le mur. Les cavaliers, les manches de la chemise retroussées, étrillent, grattent, frottent, bouchonnent, épongent à grande eau, font en un mot la toilette de Cocotte. Les seaux et les baquets remplis d'eau claire sont placés de distance en distance par les gardes d'écurie, qui s'occupent ensuite à distribuer l'avoine et le fourrage aux effluves délicieux qu'apportent les hommes de corvées, ployés sous le fardeau.

Les chevaux hennissent joyeusement à l'approche de la provende odoriférante, ils ont hâte de mâcher l'herbe. Mais le moment n'est pas encore venu; il faut que sous l'œil investigateur du maréchal des logis la répartition se fasse dans les crèches. Pas de favoritisme : tous les animaux sont égaux devant le picotin et la botte de foin. Le cheval du sous-officier subit la loi générale.

L'officier de semaine passe une dernière

Fig. 10. — La corvée de fourrage.

fois dans les écuries avant de prendre le chemin du mess. Il trouve tout mal et menace de deux jours de consigne le maréchal des logis de semaine parce qu'il n'y a pas assez d'hommes au pansage, parce que les brigadiers ne soignent pas eux-mêmes leurs chevaux, parce que les gardes d'écurie ne ramassent pas la totalité du crottin, parce que les frontails ne sont pas relevés ni les sous-gorges débouclés, parce qu'en un mot il a quitté son lit de bonne heure à regret et qu'il a envie d'aller déjeuner.

Le maréchal des logis de semaine, furieux d'être semoncé par son supérieur, retombe sur le brigadier de semaine, auquel il reproche les mêmes méfaits et qu'il menace de deux jours de consigne.

Le brigadier procède exactement de la même façon avec ses subordonnés. En définitive tout s'arrange au mieux de la liberté de chacun et au grand profit de la cantinière, car la cantine est un merveilleux terrain de conciliation. Il n'y a que les chevaux qui ne bénéficient point de la cordialité générale. Les gardes d'écurie dans l'incertitude où ils sont de ne pas être punis, frappent les malheureuses bêtes à coups de fourche, ne pouvant les menacer de consigne; les bidets se mettent à ruer sur les bas-flancs, avec une fureur qui tient du désespoir. C'est alors dans toute l'écurie un moment de branle-bas général : les chaînes de suspension se balancent avec fracas, les rouleaux volent en mille morceaux, les crochets se défont, la litière est projetée dans tous les coins, la belle harmonie de l'écurie est détruite. Cela n'a aucune importance : l'officier de semaine est parti et ne doit revenir que le soir.

Pendant le pansage du matin a lieu le rapport, cérémonie quotidienne. Le colonel s'y rend sur sa jument alezane suivi d'un dragon casqué.

« Aux armes! » s'écrie le planton de la porte des fumiers, du plus loin qu'il l'aperçoit.

A ce cri le maréchal des logis de garde
vide, en la cognant contre le mur, sa pipe
allumée depuis le réveil, saute sur son casque et rajuste en un tour de main la tenue
de ses hommes, immobiles sur un rang et
raides comme des piquets.

Un planton obséquieux accourt pour tenir la jument pendant que le colonel met
pied à terre. L'adjudant-major et le chef
d'escadron de semaine viennent faire le
compte rendu d'usage; le trio pénètre dans
la salle du rapport; le major se joint à eux;
l'adjudant de semaine suit avec sa plume
derrière l'oreille et son cahier de décision à
la main.

Le colonel s'assied et invite ces messieurs
à en faire autant; il dépouille son courrier
que le vaguemestre a eu soin de déposer sur
la table, se passe la main sur le front et
dicte le rapport à l'adjudant.

Le rapport terminé, tout le monde se lève;
le colonel regarde l'heure à l'horloge, passe

près des chevaux du premier escadron qui reviennent de l'abreuvoir, les examine d'un coup d'œil et s'en va satisfait en fumant une cigarette. La garde sort de nouveau et tout rentre dans le calme. Le colonel parti, le maréchal des logis de garde rallume sa pipe et fume jusqu'au moment de la parade.

Le pansage terminé, le trompette sonne un demi-appel, les maréchaux des logis de semaine viennent faire à l'adjudant le compte rendu de ce qui s'est passé depuis le réveil jusqu'à la fin du pansage. Il en résulte qu'il n'y a rien de nouveau, si ce n'est : deux chevaux couronnés au premier escadron, un homme manquant au deuxième, un cheval mort au troisième, trois hommes partis en bordée au quatrième et un brigadier du même qui surveillait une corvée à l'annexe tombé dans les communs.

VI

LA LETTRE.

Hier soir, après l'appel, la chambrée était dans tout le pittoresque de son déshabillé, lorsque nous avons eu la visite de Mercure, le dieu du commerce.

Ce brave garçon qui nous visite assez régulièrement cache modestement ses petites ailes dans de gros sabots d'écurie, et porte, en guise de caducée, une espèce de boutique volante où sont entassées les menues choses dont un dragon peut avoir envie ou besoin.

Ce Mercure là n'est d'ailleurs qu'un simple délégué du dieu du commerce, le trompette-major étant seul autorisé à tenir boutique au quartier.

Seulement il arrive que ce musicien, pour faciliter son commerce, délègue un sous-Mercure, qui, de temps en temps, comme je vous le disais, fait le tour des chambrées en criant :

— Allons, allons qu'est-ce qui veut remonter son petit « fourbi? »

Le fourbi est comme le bonheur, il ne s'explique pas.

Le fourbi n'a pas de limites; c'est tout, absolument tout ce qu'un dragon peut posséder. On y trouve en effet, plumet de fantaisie, boutons de renfort, bouts de chandelle, fiole de tripoli, brique pilée, patience pour les boutons, fils, aiguilles, etc., etc.

Il y a un article que j'ai négligé et qui fait partie intégrante de la collection, c'est un article rare qui n'apparaît qu'une fois par an, le produit artistique et fascinateur qui déride les plus farouches et fait briller tous les yeux, c'est le papier à lettres pour souhaits de bonne année.

Or, hier soir, la boutique de Mercure regorgeait de cette denrée.

La feuille sur laquelle on présente ses vœux est ordinairement luxueuse. Au grand étonnement de la chambrée qui s'attendait de ma part à toutes les prodigalités, j'ai choisi pour mon usage le modèle le plus simple, mais le plus martial.

La décoration consiste uniquement en un dragon furieux, chargeant l'ennemi sur un cheval violet.

Au bas de la page il y a un obus qui éclate : cela symbolise le danger que court perpétuellement un dragon aux environs de la nouvelle année.

Si j'avais la volonté d'en imposer à ma famille, je pourrais lui dire, comme beaucoup de mes frères d'armes qui ne manquent jamais cet effet sûr, je pourrais lui dire que cet héroïque cavalier est ma propre image, mais j'ai toujours été loyal ; non, ce n'est pas là mon portrait...

Je n'ai pas la fatuité de vous dépeindre ces papiers divers et merveilleux; je me contenterai de vous dire que les feuilles de grande dimension ornées d'arabesques en or, comme la poitrine d'un amiral suisse, excitent particulièrement la convoitise.

Et quelle convoitise!

La boutique repose à terre, éclairée par tous les bouts de chandelle que l'on a pu se procurer. Même, le brigadier a bien voulu donner à cet éclairage un caractère pour ainsi dire officiel en allumant de ses propres mains la chandelle de l'appel, qui est une chandelle à part, énorme, toute en mèche, mais respectée.

Et nous sommes là penchés, accroupis devant ces trésors, tous animés et graves comme des joueurs de baccara.

Les uns sont encore en tenue de sortie, le casque en tête et le sabre au côté; d'autres, en bourgeron, tiennent à la main la giberne qu'ils astiquaient, et d'autres sont en simple

chemise, ayant été arrachés du lit par l'im-
périeux besoin d'admirer de plus près.

Il est de règle que vers la fin de décembre
un dragon qui se respecte doit mettre *la
main à la plume* (surtout lorsqu'il ne sait pas
écrire) et envoyer aux siens un *mot d'écrit*.

Mon brigadier, pour lequel j'ai une estime
absolue était au premier rang et contemplait
les trésors du cavalier Mercure.

C'est un type unique que mon brigadier.

Dieu me garde de me moquer de lui!
je l'aime de grand cœur, l'ayant trouvé en
mille circonstances loyal, délicat, très di-
gne et bon comme le pain.

Plus tard, si je le rencontre, ma plus cor-
diale poignée de main sera pour lui; mais il
n'en est pas moins vrai que parfois il est « à
se tordre. »

Hier soir en particulier il était en verve.

Mais il faudrait rendre le ton, les gestes,
l'expression du visage.

Donc, l'autre soir, pendant que l'on se

pressait autour de l'étalage de Mercure et que chacun faisait son choix, un seul homme était resté dans son coin, nous tournant presque le dos et *passant une gourmette au clair* (nettoyant une gourmette), avec une obstination d'écureuil tombé en enfance.

Ce consciencieux original était un Breton que j'aime beaucoup à cause de ses gros yeux de génisse doux et profonds.

Je ne l'avais pas perdu de vue et j'avais remarqué que de temps en temps il lançait sur la boutique un regard prudent mais passionné.

Je ne fus donc pas très surpris lorsqu'au moment où Mercure allait partir, je vis mon armoricain déposer la gourmette sur son lit, s'approcher de la boutique, et, sans hésitation, montrer de son doigt une feuille d'une grandeur exceptionnelle et tellement dorée que personne n'avait même songé à en devenir acquéreur, chacun songeant que c'était là une feuille d'officier supérieur, une de ces feuilles que le colonel seul doit employer dans les grandes circonstances, lorsqu'il veut, par exemple, envoyer un « mot d'écrit » au ministre de la guerre pour lui souhaiter sa fête.

— Combien que c'est, ce papier-là? murmure le Breton, avec un calme et une résolution extraordinaire.

— Douze sous, répond Mercure.

— Douze sous! répète la chambrée à la façon d'un chœur antique.

Le bleu, sans émotion visible, quoique son cœur batte à tout rompre, j'en suis certain, tire de sa poche un de ces énormes mouchoirs géographiques que le gouvernement nous concède et qui représente la carte de France avec ses départements et ses chemins de fer; ce qui permet une étude sérieuse et quotidienne de notre beau pays, à la seule condition de ne pas être enrhumé du cerveau.

L'homme dénoue péniblement le coin de la Corse, en retire soixante-quinze centimes qui y sont logés, fait son compte, remet tout en place, et, avançant la main gauche où sont enfermés les douze sous, il avance en même temps la main droite vers la feuille dorée. Il lâche les sous, saisit le papier et l'échange est opéré.

Il s'est fait un silence profond, comme il arrive dans toutes les assemblées aux heures solennelles.

Je regarde notre supérieur, il paraît préoccupé; l'audace du Breton ne lui déplaît pas, certainement; il y a même une énergie assez militaire dans ce coup de tête; mais, d'un autre côté, la hiérarchie n'est-elle pas atteinte par le fait de ce bleu qui achète sans marchander un instant, un objet d'art dont lui, brigadier, se croyait indigne et dont le colonel serait sûrement jaloux?

C'est grave.

Cependant le camarade immobile, colossal, rouge comme une pivoine et appuyant fortement son trésor contre sa poitrine, semble attendre le photographe.

Bientôt il prend son parti et, s'approchant avec respect de son chef immédiat :

— Brigadier, voulez-vous me permettre de vous entretenir?

— Parlez, j'y consens. Je n'ai jamais refusé un conseil à mes hommes.

Alors, le bleu se met à parler dans l'oreille de son chef avec une grande abondance, mais de si près et si bas, qu'il est impossible de rien entendre.

Ce qui est certain, c'est que le brigadier, qui d'abord avait froncé le sourcil, a commencé à sourire, puis il a relevé sa moustache et repoussé sa calotte sur l'oreille... Il est évidemment flatté.

Mais voici maintenant qu'il reboutonne sa tunique, sourit, retrousse le bout de sa manche... le brigadier obtempère, le brigadier est vaincu.

— Eh! vous autres, commande-t-il de sa

voix sonore, personne ne vous empêche d'aller vous coucher, vous savez!

S'approchant de moi :

— Faites-moi donc la politesse de me prêter votre encrier... avec une plume neuve et un manche.

Et confidentiellement, de moustache à moustache :

— Ce garçon n'a pas assez d'éducation pour écrire comme il faut sur son papier; je vais lui donner un coup de main. Passez-moi donc une couverte; vous n'auriez pas aussi un mouchoir blanc?

On étale soigneusement la couverte, puis le mouchoir sur la table druidique; la chandelle de l'appel plantée sur une étrille (seul bougeoir en usage ici) est placée convenablement, l'encrier est ouvert, la plume vérifiée avec l'autorité d'un notaire. Le brigadier s'assied soigneusement, après s'être assuré que le banc ne tremble pas, ôte sa calotte, prend la plume :

— Maintenant, dit-il, mettez la feuille devant moi, là, sur le mouchoir.

Je pensais bien que le malheureux papier sortirait un peu fripé des mains du Breton, mais je ne supposais pas que ses quatre doigts énormes et le pouce y laisseraient une trace de cette taille et de cette couleur là !

— Sacré maladroit ! Qu'est-ce que vous avez fait ? Ça ne sait pas seulement manier un bibelot de prix ! Est-ce que je peux écrire là-dessus... Je devrais vous fourrer au bloc pour malpropreté des mains.

Il approche son nez et, flairant les taches avec soin :

— C'est une matière grasse ! Je n'écris pas sur les matières grasses !

Et il me lance un coup d'œil à cause de ces matières grasses qui sont une expression scientifique dont il est heureux de me faire les honneurs.

— On pourrait peut-être enlever les taches

avec un peu de tripoli? insinue le pauvre Breton.

— Quand vous serez plus vieux au régiment, vous saurez que le tripoli c'est pour les cuivres et non pour le papier.

L'autre, très ému, se gratte la tête avec une telle violence, que toute autre tête que la sienne lui resterait dans la main.

Cependant, d'une voix humble, qui calme notre brigadier comme par enchantement :

— Peut-être qu'entre les taches il y aurait assez de place pour faire la lettre, alors on mettrait par écrit que la chose est arrivée en passant la gourmette au clair.

— Ça n'est pas dans les usages; malgré cela je n'y mets pas d'obstacle. Je vais essayer, mais ça ne sera jamais ce que ça aurait pu être... Je vais essayer.

On sent très bien, maintenant, qu'il s'agit d'un tour de force peu ordinaire.

— Eh! là-bas, un peu de silence!

Et, agitant son bras droit comme pour bé-

nir la foule, prenant tout à coup un air farouche, se mordant les lèvres comme les
artilleurs qui pointent une pièce de canon, il
lance un paraphe et le voilà parti.

Le Breton regarde stupidement! sa bouche s'abandonne et s'entrouvre; l'admiration, l'ahurissement se peignent sur son
visage, tandis que sa grosse tête oscille ca-
pricieusement de droite à gauche, de bas
en haut et de haut en bas.

— Maintenant, fait le brigadier calmé,
souriant et reprenant haleine avec force (le
malheureux n'a pas respiré pendant tout ce
prélude) maintenant, qu'est-ce qu'il faut
dire à vos *pères zé mères?*

— C'est que... je...

Notre bleu ferme sa grosse main grais-
seuse en forme de cornet acoustique et
murmure dans l'oreille de son supérieur des
choses tout à fait secrètes, car ce dernier,
usant des mêmes précautions, murmure à
son tour dans l'oreille de son subordonné avec

l'intérêt et le sérieux d'un confesseur qui désire des éclaircissements.

Ils échangent ainsi leurs vues pendant un long moment, après quoi, le brigadier reprend la plume d'un air farouche. Les efforts sont visibles et considérables ; il me semble même que les veines de son front se gonflent ; malheur à l'imprudent qui l'interrompait en ce moment.

Au gré des pleins et des déliés que trace sa main vigoureuse, les traits de son visage s'allongent ou se contractent ; à chaque bout de ligne il respire un bon coup et regarde le Breton avec sévérité. Il ne prononce pas une parole, mais son regard dit clairement :

« Que penses-tu, homme des champs, de ma supériorité sur toi! Par un mot, j'ai compris ta pensée et je sais mieux que toi ce qu'il convient d'écrire. »

Il est peut-être dix heures moins vingt minutes, lorsque le brigadier s'arrête tout à coup et regarde fixement la chandelle ; puis

il me fait signe d'approcher et d'une voix
brève et ferme :

— Est-ce que, est-ce que on met deux m
dans le mot amour?

— Brigadier il y a des personnes qui en
mettent deux, mais pas moi.

— Vous avez raison, moi non plus, quoique ce soit facultatif, c'est-à-dire à la portée
de tout le monde.

Et il reprend son travail...

Mais je vous ennuie sans doute, chers lec-
teurs, et il faudrait une journée pour racon-
ter dans tous ses détails ce poème héroï-co-
mique.

La lettre est terminée.

A l'animation de ses lèvres, aux soulève-
ments de sa moustache, on devine que l'é-
crivain se relit.

Le brillant de ses yeux prouve clairement
qu'il est extrêmement satisfait.

— Vous ne pouvez pas signer?.. Eh bien
je vais signer pour vous, mon garçon.

— A votre convenance brigadier.

— Voilà, fait l'auteur, en passant le chef-d'œuvre au Breton, je ne demande pas mieux que de rendre service à mes hommes.

Quoique j'en eusse grande envie, il m'a été impossible de lire un mot de ce fameux écrit, mais, de loin, cette calligraphie touffue, accidentée de taches demesurées et encadrée de dorures inouïes, produisait un singulier effet.

Il est probable que je ne saurai jamais ce que contenait cette lettre.

Lorsque les lumières furent éteintes, je crus, à la lueur des étoiles, voir le Breton la rouler dans une de ses bottes et cacher le tout sous son matelas, ce qui est contraire au règlement.

VII

LA DÉCISION.

A l'appel du pansage, les hommes sont ali-
gnés sur deux rangs par peloton. Chaque
maréchal des logis fait à haute voix l'appel
de ses cavaliers et vient ensuite déclarer au
maréchal des logis de semaine qu'il ne manque personne. Ce dernier en rend compte
au chef, qui, à son tour l'annonce à l'officier.

Cela fait, on forme un grand cercle au
milieu duquel se trouvent enfermés l'officier, le chef, le maréchal des logis de semaine et le brigadier fourrier, lequel ouvre
son registre et lit à haute voix l'ordre du colonel, donné le matin même au rapport.

Cela s'appelle la lecture de la décision.

Or, au moment où le dit fourrier prononce ces paroles : « Décision du... », tout le monde, sans distinction de grade fait le salut militaire, et l'officier soulève son képi.

La première fois que j'assistai à cette cérémonie, le lieutenant qui m'avait aidé, à mon arrivée au régiment, à mettre mon pantalon, était de service. Il salua avec tant de conviction, son mâle visage prit une expression si grande de respect et de fierté que j'en fus impressionné. Ce n'était certainement pas pour lui un simple détail d'étiquette, c'était la soumission pieuse et fière d'un soldat aux ordres supérieurs; c'était aussi un des actes publics du culte militaire.

L'esprit de l'armée, avec ses grandeurs et ses obligations, était tout entier dans ce salut.

Telle est l'impression que je ressentis, et cette impression ne s'est pas effacée. Je crois bien que la plupart des hommes ne pensent pas de pareille façon ; il doit même leur paraître original de saluer une décision qui leur réserve le plus souvent des surprises désagréables : refus de permission, consignes, salle de police, prison, corvées etc… et leur rapide passage au régiment ne leur permettra jamais de voir là autre chose qu'une formalité un peu puérile sinon comique.

Mais les officiers qui sont maintenant les seuls hôtes permanents de l'armée, attachent certainement à ces coutumes un sens plus profond. Ils savent que cette décision qui leur impose aujourd'hui une revue d'habillement, leur commandera demain d'aller se faire tuer pour couvrir la retraite ou enlever un poste ennemi.

Ils savent que l'ordre du colonel n'est pas la fantaisie d'un homme, mais la voix de l'autorité.

Ils savent que le respect qu'ils en ont, est la sauvegarde de leur propre honneur.

Ils savent qu'il n'est pas de détails indifférents dans l'accomplissement du devoir, que l'autorité est un être inattaquable, en dehors des erreurs que les hommes peuvent commettre en son nom.

Et voilà pourquoi ils saluent du même geste, avec la même abnégation respectueuse, l'ordre qui les envoie à la mort et celui qui leur impose une revue de linge et chaussure.

Fig. 41. — Mon lieutenant.

VIII

LA SALLE DE POLICE.

Après la soupe du soir, peu d'hommes sortent en ville : on est exténué, las aussi de la sempiternelle promenade sur les cours et le mail. Les premiers temps, on va à la gare voir arriver le train; et c'est une grande joie quand la locomotive, coiffée de fumée, pénètre sous le hall vitré; un peu plus tard la satiété survient, et on n'éprouve plus aucun plaisir à ce genre de distraction un peu monotone. Que faire alors? Oh! une chose bien simple : se coucher et dormir. Tout le monde doit se trouver dans les chambres pour l'appel du soir, mais on a le droit de choisir entre la position horizontale ou la verticale.

Ceux qui ont eu la malechance de se faire punir vont répondre à la sonnerie des consignés.

Rien n'est plus triste que de voir faire la corvée de quartier aux hommes punis, si ce n'est pourtant d'être puni soi-même.

Ils vont, les pauvres diables, têtes basses, emportant chacun « Thomas » par une oreille et le portant sous la pompe pour procéder à la toilette du vilain personnage. La corvée achevée, les hommes punis de salle de police se rangent près du corps de garde, et le brigadier de consigne, ses terribles clefs en main les conduit dans ses salons où nous pouvons jeter un coup d'œil.

Dans un souterrain obscur et humide, se trouve un lit de camp, sur lequel peuvent prendre place trente individus. Quant ce nombre est atteint, les retardataires sont mis en serre-file, c'est-à-dire qu'ils couchent à terre. Il faut avoir passé par là pour constater la différence très réelle qu'il y a entre la dureté des planches et des dalles de pierre. On croirait vraiment que le bois du lit de camp prend l'empreinte du corps humain ; la dalle résiste. Aussi, on échange quelquefois des horions pour posséder une des places privilégiées. Les murs sont décorés d'inscriptions bizarres, de caricatures rudimentaires. Le mobilier est réduit à sa plus simple expression : Une cruche et un « Jules ».

Jules est le frère cadet de l'exécrable Thomas.

Le malheureux bleu qui a négligé de régaler ses camarades la première fois qu'il couche dans ces lieux de délices, est condamné à monter la faction près de Jules. La sentinelle, armée d'un manche à balai, veille ainsi toute la nuit. Les quolibets, les brocarts et les lardons l'assaillent. La gaieté ne perd jamais ses droits à l'âge heureux où l'on fait son service militaire, elle se traduit par des rires sonores retentissant sous les voûtes. Tout à coup un grand silence se fait : les prisonniers, dont l'oreille est exercée, ont entendu un bruit de sabre et de clefs venant de l'extérieur. C'est le maréchal des logis qui vient faire sa ronde en compagnie de l'adjudant de semaine.

Cependant la ronde s'éloigne, les portes se referment, les verrous sont tirés à grand bruit de ferraille et le lourd portail d'entrée est, à son tour, solidement cadenassé. Alors recommence, plus violent que jamais, le sabbat diabolique. Les bougies et les pipes se rallument, les anciens, ceux de la classe, racontent, chacun à son tour, des histoires extraordinaires dans une langue imagée sinon académique. Chaque conte est ponctué d'un formidable « Cric » interrogateur, qui a pour but de surprendre en flagrant délit d'inattention le dormeur trop pressé qui négligerait de répondre par le traditionnel « Crac ». Il devient sur la minute le bouc émissaire de ses compagnons de cellule; une véritable pluie de sabots s'abat sur le délinquant, et obligation lui est faite d'avoir à chanter quelques couplets en guise d'expiation.

Dans les autres parties de la caserne, après l'appel du soir, tout est soigneusement verrouillé, cadenassé, barricadé; il est expressément interdit de franchir le seuil du quartier; les rondes circulent dans tous les coins pour empêcher les plus hardis de sauter le mur.

Enfin dix heures arrivent, et en même temps la sonnerie de l'extinction des feux se perd en mourant dans la nuit.

Instantanément tout devient noir et silencieux. A peine si, de loin en loin, on entend le chant monotone des gardes d'écurie qui trompe le sommeil.

Dans les chambres tout dort ou semble dormir.

Il y a toujours des farceurs en proie à

l'insomnie qui profitent de la circonstance, pour faire *prendre le train* à des camarades endormis.

Faire prendre le train, c'est arracher l'un des tréteaux qui soutiennent les planches de son lit; celles-ci naturellement basculent, et il s'ensuit une dégringolade épouvantable.

Le brigadier de chambre peste, menace de coller tout le monde au clou, puis, une fois encore tout se tait.

Au dehors, le factionnaire, drapé dans son grand manteau, immobile dans sa guérite, voit défiler devant lui les nuages noirs qui semblent se poursuivre. Une grande mélancolie l'étreint; il pense à son village, à sa famille, aux travaux qu'il a momentanément quittés, et son imagination vagabonde, tandis que ses yeux fixent la nuit, la longue nuit qui l'entoure et le rend triste.

IX

LA REVUE.

Un matin, le maréchal des logis de peloton entre dans la chambrée comme un ouragan, les mains pleines de papiers, et nous annonce que nous aurons, dans la journée, revue d'habillement par l'officier de peloton.

— Demain, ajoute-t-il, revue d'armes par le capitaine et contre-revue par moi; à dix heures, revue du paquetage par l'officier de peloton. Ce soir à huit heures, je passerai pour voir si tout est prêt.

Il est bien entendu qu'il s'agit du paquetage nouveau modèle, le manteau derrière, c'est compris, n'est-ce pas les anciens? Et si je vois un seul paquetage ancien modèle, je fourre l'homme au bloc.

Qu'on s'imagine une fourmilière au milieu de laquelle on viendrait de marcher et on aura une idée de l'émoi causé par ces simples paroles.

Depuis ce moment, le régiment tout entier brosse, astique, frotte, lave, découd, recoud. Le tripoli, l'encaustique, le cirage, la cire et la brique pilée sont partout; on en a dans les cheveux, on en trouverait dans la soupe si l'on osait y regarder.

Et comme on n'a rien changé au règlement ordinaire, tout le travail supplémentaire doit s'exécuter entre les exercices à cheval, la voltige, le pansage, les classes à pied, etc.

Le paquetage m'épouvante. J'y suis nul absolument. Je n'ai pas le don, la bosse de cet exercice. Mais aussi quelle œuvre qu'un paquetage!

Conserver son sang-froid au milieu du

chaos des sacoches, des musettes de pansage et de propreté, porte-manteau, bissac, poches à fer, corde à fourrage... Conserver à chaque objet sa place; contenir les brosses, faire taire l'étrille, réprimer l'époussette, réduire le linge sans violence... garder en même temps l'impartialité du juge, l'énergie du militaire, la prudence de la lingère et l'expérience de l'administrateur.

C'est une besogne peu banale et qui vous trempe pour les difficultés de la vie.

Rien que pour rouler un manteau de cavalerie à double collet (ce qui est une des moindres difficultés du paquetage) il faut le concours de cinq hommes dévoués et habiles : quatre hommes pour pétrir l'étoffe et un cinquième pour présenter la poche dans laquelle vient s'engouffrer l'énorme vêtement.

Il est rare d'ailleurs que l'on réussisse du premier coup cette opération, surtout avec les manteaux neufs, qui sont rebelles et n'ont pas l'esprit militaire.

Un officier d'avenir reconnaît à dix pas le paquetage d'un ancien, comme on reconnaît un habit sortant de chez le bon faiseur.

Je n'ai certes pas, en ces matières, le coup d'œil d'un officier, mais hier soir, en revenant de la cantine, lorsque j'aperçus, se dressant sur le lit, l'édifice étonnant de mon propre paquetage, de ce paquetage qui, officiellement, est l'œuvre de mes mains, je compris tout de suite que j'avais fait un chef-d'œuvre, et je fus comme une poule qui, sans s'en douter, aurait couvé, non pas un canard, mais un aigle.

La vraie mère de l'aigle, qui me guettait me dit, en clignant de l'œil :

— On peut fouiller dans l'escadron, il n'y en a pas deux comme celui-là.

Six ou sept voix reprirent en chœur :

— Non, il n'y en a pas deux. Bien sûr qu'il n'y en a pas deux !

Cet éloge m'a coûté net six litres à douze.

Et dans un élan de franchise, ces six ou

sept camarades m'avouèrent qu'ils n'étaient pas étrangers à l'établissement du monument. D'autres mêmes, qui n'y avaient pas travaillé, y avaient contribué par leurs conseils.

On voulut bien trouver que les six litres étaient suffisants, cependant deux de mes voisins, qui n'ont pas l'habitude de boire sans manger, réclamèrent pour eux une petite salade et quelques œufs durs.

On achevait ces libations, lorsque le maréchal des logis, toujours agité et de plus en plus surchargé de papiers, entre sans crier gare.

Il paraît qu'il y a contre-ordre : le paquetage nouveau modèle est remplacé par le paquetage ancien modèle, et si ce changement de front ne s'effectue pas dans vingt minutes, il y aura de la salle de police.

Heureusement cela ne demande ni beaucoup de temps, ni beaucoup de peine, s'il faut en croire les gens experts.

En passant la revue des paquetages, l'officier de peloton s'est arrêté devant le mien, et m'a fait remarquer que les deux courroies latérales du manteau n'étaient qu'à trois doigts, au lieu de quatre, de la courroie centrale.

L'ensemble d'ailleurs était compris.

Il ne m'en a pas dit davantage, mais il est clair qu'il contenait son effusion et qu'en réalité il me trouvait assez habile.

A midi juste, le trompette sonne le boute-selle et, immédiatement, de tous les coins de l'horizon apparaissent des dragons innombrables à moitié vêtus, chargés comme des baudets et se dirigeant vers les écuries.

Ceux-ci portent sur leurs épaules leur selle et son fameux paquetage, courbés sous la charge comme des meuniers sous des sacs de blé. D'autres qui ont déjà opéré ce transport, accourent, le casque mis à l'envers, tenant dans leurs bras armes et vêtements. On achèvera sa toilette à l'écurie, quand les chevaux seront sanglés, ce qui laisse supposer que tout à l'heure, il y aura pas mal de mains sales cachées sous les gants blancs.

En un instant, l'écurie s'emplit et s'encombre de casques et de sabres, de paquetages posés à terre, de tuniques accrochées aux portants; impossible de faire un pas sans accrocher un plumet ou s'empêtrer dans une crinière. C'est un désordre insensé. On se croirait dans les coulisses de l'Hippodrome, pendant l'entracte qui précède le grand défilé.

Cependant les chevaux qui sentent la revue et se sont reposés depuis deux jours, pendant que tout le monde travaillait, font le diable : au simple contact de la couverte et de la selle, ils se gonflent, gambadent, ruent, hennissent; et nous n'avons pas une minute à perdre.

Les coups de pieds pleuvent, les coups

de poings aussi; on tire sur la sangle, on crie, on tape, on pousse avec fureur, la voix du maréchal des logis éclate comme un tonnerre.

Ma jument qui malgré ses petits airs malins, est bête comme ses sabots, vient de se laisser surprendre entre deux respirations et la voilà sanglée.

Au milieu de ce bruyant remue-ménage, dont je n'ai malheureusement pas le temps d'admirer le pittoresque, apparaît l'officier de peloton, en grande tenue, frais, pimpant, brillant comme un louis d'or tout neuf.

A son approche, le silence se fait et l'activité redouble; au milieu de tous ces effarés que l'heure presse, il s'avance à pas comptés, regardant tout sans avoir l'air de rien voir et laissant tomber quelques avis de droite à gauche, tandis qu'il pousse un brin de paille du fin bout de sa botte vernie.

Voilà enfin les chevaux prêts; les hommes boutonnent leur tunique, moi-même je me prépare à boucler mon ceinturon, lorsque je m'aperçois... vraiment c'est à rendre fou... je m'aperçois que le bouton d'assemblage manque à la grande bélière (1) de mon sabre... et l'on va partir.

Pas de bouton de bélière, pas de bélière; pas de bélière, pas de sabre; pas de sabre, pas de dragon.

Tout s'enchaîne.

Je fais part de l'événement à mon voisin de stalle, un débrouillard qui m'aide parfois à faire mon *fourbi* contre rétribution et beuverie.

Lui, qui pourtant la connaît dans les coins, reste pétrifié.

— Pas de bouton à la bélière! Eh bien! mon vieux lapin de choux tu ne vas pas y couper.

Tout à coup il se frappe le front, me tend les rênes de son cheval et disparaît.

Je reste là, tenant de mes deux mains son

(1) Anneau mobile qui suspend le fourreau du sabre.

cheval et le mien, qui naturellement pro-
fite de l'occasion pour faire les cent coups;
et mon casque, dont je n'ai pas eu le temps
de boucler la jugulaire, va tomber à la
moindre secousse; mon ceinturon n'est
pas bouclé. Vraiment, si on sonnait « à cheval! »

Mon inquiétude va très certainement tourner au désespoir, lorsque j'aperçois la tête
souriante de mon camarade qui se faufile
comme une anguille et, de loin, me montre
le bouton de bélière qui va me sauver.

Il était temps.

Pendant la revue, mon sauveur, cet ami,
ce frère d'armes unique, me raconte que l'i-
dée lui est venue de courir à l'infirmerie,
d'emprunter le bouton d'assemblage d'un
homme malade qui a pour spécialité de posséder tout son *fourbi* en double exemplaire,
et que la simple promesse d'un litre, a suffi
pour aplanir toutes les difficultés.

Il ne faudrait pourtant pas croire, d'après ce que je viens de dire plus haut, que le quartier est une forêt de Bondy; on n'y vole rien, mais on y emprunte tout sans permission, avec une aisance à laquelle il faut s'habituer.

La menace de la salle de police, pour un bouton qui manque ou une brosse oubliée, fait taire bien des scrupules.

On m'emprunte, nous nous empruntons; malheur à ceux qui sont en retard!

D'ailleurs, rien ne se perd. Tout s'emprunte il est vrai, mais tout se rend. Une épingle a-t-elle disparu, prenez la peine d'en demander des nouvelles, ayez la persévérance de la suivre à la piste, de peloton en peloton, quelquefois même d'escadron en escadron, et aurait-elle passé par cinquante mains différentes, vous la retrouverez, très épointée, il est vrai.

Je pense à tout cela en attendant le passage du général.

J'étais d'ailleurs si bien assis dans ma

selle, maintenu de tous côtés par des coussins de toute sorte : manteau, sacoches, portemanteau, etc., qu'un doux sommeil eut très probablement succédé à ces réflexions si la pluie, une pluie de revue, ne s'était mise à tomber.

Ce n'est pas qu'elle me gênât beaucoup, car un dragon, protégé par son casque et sa crinière, ses épaulettes, ses basanes, peut défier l'orage ; mais aux premières gouttes, nos chevaux, se sentant les oreilles mouillées, se mirent à s'ébrouer et gambader furieusement.

Un homme à cheval éprouve un sentiment de commisération instinctive pour les piétons qui l'entourent.

Le piéton est obligé de lever la tête pour regarder le visage du cavalier, et, dans tous les pays, ce mouvement exprime l'admiration. Le cavalier, au contraire, baisse la tête pour observer le piéton et l'on ne peut nier que l'expression de *haut en bas* ne fasse naître une idée de supériorité.

L'homme n'est complet qu'à cheval.
Qu'est-ce qui faisait la force des centaures?

Le général ne passe pas, nous sommes toujours au port du sabre, immobiles sous la pluie en face de dix mille parapluies qui nous regardent stupidement.

Enfin voici la voix du colonel qui retentit au loin.

Notre capitaine tend l'oreille, puis se retournant vers nous :

— Présentez sabre!

Et lui-même présente le sabre « le bras demi-tendu, le pouce vis-à-vis et à dix centimètres du col, la lame verticale, etc. »

Tout à coup notre fanfare, notre propre fanfare lance dans les airs une marseillaise échevelée que répètent en chœur tous les parapluies émancipés.

Le général passe au grand galop, sous la pluie qui cingle, entouré de son état-major. Tout cela file comme une vision, et c'est à peine si j'ai le temps de voir notre vieille moustache d'Afrique, le brave Dugros, qui porte le fanion immédiatement derrière le général. C'est un honneur qui revient au plus ancien des sous-officiers de la garnison, et Dugros est le plus vieux et le plus martial des maréchaux des logis.

Après le défilé nous avons rompu par quatre, nous dirigeant vers le quartier par les rues silencieuses et sonores.

X

LA VOLTIGE.

Au point de vue du travail, notre situation n'est plus du tout une sinécure. La voltige en particulier prend des proportions telles, qu'à moins d'accidents, nous sommes à peu près certains de posséder en sortant du régiment un assez joli talent de clown. Nous ne passons pas encore dans des transparents de papier en agitant des petits drapeaux, mais quelques-uns d'entre nous exécutent, debout sur un cheval au galop des poses de caractère.

Nous faisons des sauts périlleux, périlleux est l'expression juste. D'ailleurs, ce saut périlleux, qu'est-ce?

Une simple plaisanterie. Songez que le tremplin vous donne un élan prodigieux qui vous enlève à sept pieds en l'air sans aucun effort. Arrivé là-haut, dans les airs, que fait-on ? — Vous vous retournez la tête en bas, les pieds en l'air, comme dans la vulgaire culbute terrestre, et vous vous laissez aller ainsi, comme quelqu'un qui a du chagrin et veut mourir sans douleur, le crâne fracassé sur le sol. Voilà.

Entendons-nous, cependant : cette apparence de suicide n'est qu'une feinte. Le maréchal des logis nous l'a très bien expliqué théoriquement.

— N'allez pas oublier, nous a-t-il dit, que cette projection de la tête vers le sol n'est qu'une feinte et doit être presque immédiatement suivie d'un renversement du corps, combiné de façon à ce que les pieds soient au plus bas, alors qu'ils doivent toucher le sol. Maintenant que vous avez compris, allez-y hardiment.

Théoriquement, je feins assez bien et je me retourne sans difficulté, mais à l'exécution, cette feinte me... m'est extrêmement désagréable.

Depuis quelque temps nous sommes littéralement exténués. Voici, du reste, le programme d'une de nos journées.

Lever à 5 heures. De 5 heures et demie à 6 heures et demie, salle d'armes.

Oh! l'escrime qu'on enseigne aux dragons, c'est tout un monde! Ce sport a, dans la vie ordinaire, pour but d'assouplir l'élève; ici les prévôts s'efforcent à vous rigidifier. Ils y réussissent d'ailleurs fort bien.

De 7 heures à 11 heures et demie, course à cheval à travers champs. Une véritable fête, malgré les deux heures de trot sans étriers qui en font partie. De 11 heures et demie à midi, bouchonnage de nos chevaux qui commencent à ne plus marcher que sur trois pattes. De midi à 1 heure, déjeuner. De

1 heure à 3, voltige. De 3 à 4, théorie, de 4 à 6 heures et demie, tir au Champ-de-Mars; ce qui implique une marche à pied de une heure et demie, aller et retour, exécutée tout armé, au milieu d'un nuage de poussière. Le soir, étude pour les consignés, et il y a des semaines où les consignes pleuvent dru comme grêle.

On vient de nous dire que l'escadron est *d'embarquement* de 6 heures et demie à 9 heures du soir.

C'est une corvée qui consiste à embarquer les chevaux dans des wagons et à les débarquer. Il faut desseller, resseller, dépaqueter, repaqueter, etc., etc., en quelques minutes.

Nous devions être en selle, exceptionnellement, ce matin à 4 heures et demie. Car, à notre grande joie, le service en campagne prend plus d'importance. J'avais tellement pensé hier au soir à ce départ, que j'ai dormi très mal et me suis levé pour aller voir l'horloge du manège. Elle marquait quatre heures moins un quart. Je suis resté accoudé sur l'appui de la fenêtre. Cela paraît étrange de se trouver seul éveillé dans cette immense couvent. C'est l'heure où les moineaux s'emparent de la cour, pour ne l'abandonner qu'aux premiers coups de trompette.

Dans la brume du matin, j'aperçois le brigadier de garde qui sort du poste, orné d'un gros trousseau de clefs. Il va ouvrir la cage aux hommes qui ont passé la nuit à la salle de police. Les voilà qui sortent en pantalons de treillis, la calotte enfoncée jusqu'aux yeux, le sac à distribution roulé sous le bras. Ils marchent en se traînant vers leurs chambres, comme des malheureux qu'on aurait roués.

Le réveil ne sonnera pas avant un quart d'heure, et ils pourront s'étendre sur leur lit pendant quelques minutes. Les moineaux ne s'envolent même pas à leur approche.

L'horloge se prépare à sonner, le pignon du manège se dore et l'air s'emplit de sonorités lointaines. Il est temps de se préparer, je vais réveiller le camarade qui m'aide à faire mon *fourbi*. Je touche son épaule du doigt, puis je pousse un peu, beaucoup, passionnément. Il ouvre l'œil.

— Il est 4 heures, lui dis-je, et mon cheval est très long à seller, tu sais?.. Sais-tu?..

Il s'est rendormi avec le calme d'un sultan perdu dans des coussins.

— Mais, mon ami, il faut lui donner un fort coup de bouchon, et s'il se gonfle, nous en avons pour vingt minutes à le sangler; voyons, mon vieux !

Ses lèvres s'entr'ouvrent péniblement, et d'une voix à peine perceptible.

— J'ai le temps, murmure-t-il, et il se retourne du côté du bas-flanc.

Ils sont étonnants ces hommes de la classe! Ils ne doutent de rien! Je ne suis pas d'ailleurs très inquiet; comment s'y prendra-t-il? Je n'en sais rien, mais certainement nous serons prêts à l'heure. Ce n'est pas la première fois que je vois faire des tours de force de ce genre. Plus un soldat est ancien, et moins il se donne de mal, et cependant sa besogne est très bien faite, quoiqu'il y ait consacré très peu de temps. Il a des ressources ignorées et sait se tirer de tous les mauvais pas. Enfermez-le en chemise dans le coffre à avoine, et à l'heure de l'appel, il en sortira tout armé.

XI

L'ASSIETTE.

Ceux qui n'ont pas d'assiette en entrant au régiment sont sûrs d'en gagner militairement, rudement, rapidement. Et au bout de quelques mois, chacun sous ce rapport aura atteint le maximum.

An point de vue militaire, c'est le plus important. Mais si l'on devient très solide en peu de temps, en revanche, la main s'acquiert, au régiment, beaucoup moins vite qu'ailleurs; souvent même ceux qui en avaient, la perdent en partie.

Tant que durent les classes, les recrues montent en bridon, une rêne dans chaque main, de sorte que n'ayant à leur disposition qu'une aide grossière, ils prennent, dès le commencement l'habitude de la brutalité, et eux-mêmes deviennent grossiers, mettent la force avant le reste, luttent de vigueur avec leur cheval et tirent à hue et à dia comme s'ils étaient dans leur charrette.

Il me paraît bien difficile d'éviter ce fâcheux résultat; une majorité de cavaliers sans main entraîne forcément une majorité de chevaux sans bouche et réciproquement.

C'est cette dureté de main si fréquente au régiment qui rend le dressage des jeunes chevaux si difficile, si peu pratique.

Ce qui complique encore la chose, c'est que les hommes les plus exercés, c'est-à-dire les anciens, étant naturellement chargés de ce dressage, on réserve à l'usage des recrues les plus vieux chevaux. C'est donc aux bouches le plus dures que les mains les plus dures ont d'abord à faire. De là, un double cercle vicieux.

Les officiers qui président à l'instruction

hippique des hommes, ont pourtant une expérience et une habileté incontestables, et s'ils n'ont pas résolu le problème, c'est qu'il est insoluble dans les conditions actuelles.

Ce qui n'empêche que le régiment forme parfois des écuyers remarquables. Certains officiers montent en courses publiques, à l'instar des jockeys.

Quelqu'un qui ne dit rien mais qui n'est pas content depuis que

Fig. 12. — Selle de cavalerie.

nous faisons du service en campagne, c'est mon cheval. Il est maintenant obligé d'exécuter directement les ordres que je lui donne, et cette soumission aux fantaisies du cavalier est tout à fait désagréable aux chevaux de régiment.

On ne se doute pas de l'esprit déplorable qui règne dans les écuries.

Ces bêtes ayant la routine du métier militaire et se trouvant sous ce rapport de beaucoup supérieur à la recrue qu'elles ont sur le dos, affectent de considérer ce dernier comme une quantité négligeable, et obéissent directement aux commandements du chef de peloton.

Hiérarchiquement, c'est monstrueux. Cela supprime tout simplement un des rouages. du service militaire.

Imaginez-vous un simple cavalier qui s'aviserait de méconnaître, avec persistance, les ordres de ses supérieurs : mais on le déférerait devant un conseil de guerre! on le fusillerait!

Peut-être ne fusille-t-on pas assez les chevaux pour leur faire comprendre, qu'en dehors de l'influence et de la volonté du cavalier, tout ce qu'ils peuvent faire est illégal.

Eh bien, depuis le temps que nous manœuvrons sur les carrés, au manège ou ailleurs, la conduite de mon cheval n'a été qu'une longue suite d'illégalités. Je suis, allez-vous dire, un véritable fantassin, si je ne peux pas me faire obéir de mon cheval?

Vous ne comprenez pas du tout la chose : Que voulez-vous que je dise à une bête à la fois stupide et trop intelligente, qui exécute ce qu'elle doit faire sans mon avis, il est vrai, mais très bien?

On commande « Au galop! » mon cheval part au moment précis, sur le bon pied, sans hésitation. Je peux, cela n'est pas contestable, m'opposer à ce départ qui s'est fait en dehors de ma volonté mais, naturellement, il en résultera un retard dont je serai puni par deux ou trois jours de consigne. Même punition si je prolonge un peu le galop, après le commandement de « Marchez au pas! » et mon cheval ne manquera pas de faire tinter sa gourmette, en ayant l'air de me dire :

— N'aurais-tu pas mieux fait de rester tranquille, puisque je me charge de tout?

Et il a raison. Que de fois j'ai souhaité avoir un cheval sourd!

Au manège ou sur les carrés, il y aurait bien un moyen de rendre les chevaux sourds sans pour cela leur boucher les oreilles, ce serait d'obliger l'instructeur à ne commander que par signe. Il faudrait bien alors que le cavalier jouât un rôle actif et eût une action directe sur son cheval.

XII

LES VINGT SOUS DE LA MAMAN.

Lorsque pendant sept mois on n'a pas fait
un mouvement sans un ordre, les cinq ou
six heures d'indépendance du service en
campagne deviennent une joie.

Voir à travers le brouillard du matin, le
soleil tout à coup s'épanouir comme une fleur
ardente, et piquer des rayons d'or sur les
routes blanchâtres qui se déroulent au loin,
je vous jure que cela est plus gai que de faire
de la voltige ou des passades de pieds.

Pouvoir choisir entre la course à travers
les terres labourées ou les chemins ombreux
qui vous invitent, pouvoir changer les allu-
res de son cheval, passer à gauche, revenir à

droite, franchir un fossé, s'arrêter pour con-
sulter la carte, prendre une note sur la nature du terrain, piquer un galop pour regagner le temps perdu, se perdre, se retrouver, rejoindre enfin la colonne de route à l'heure fixe, au point désigné; étonner le lieutenant par la justesse et l'intelligence

Fig. 13. — En patrouille.

de ses observations et la correction de son itinéraire, mais c'est un vrai triomphe, le commencement de la gloire!

Que tout cela semble bon! Quelle fête!

La veille au soir, après l'appel, dès que l'ordre de marche est transmis pour le lendemain matin,

Fig. 14. — En patrouille.

nous courons à la cantine pour commander les provisions variées dont chacun prétend bourrer ses sacoches. C'est alors une avalanche de bêtises sans nom, une pluie de menus impossibles, sûrement stupides, mais qui dans le feu de l'improvisation vous font rire aux larmes.

Est-il besoin de dire que le lendemain matin à l'aube, tous ces menus étonnants se réduisent au strict nécessaire.

Mais que nous importe : le temps est frais, l'air est pur, salut à la diane et détalons !

A un quart de lieue de la ville, quand on a dépassé les cabarets, les patrouilles placées d'avance par ordre de route, se détachent une à une de la colonne, silencieusement.

Notre tour arrive, nous partons au pas en pays ennemi. Dès lors il faut tout voir, tout observer et ne s'avancer qu'avec beaucoup de prudence : les embuscades sont partout, pas un buisson qui ne cache une surprise ; et je jurerais que là-bas, derrière ce moulin...

J'ai mis le brave Prout-Cadet au galop et j'ai été explorer les alentours. Le meunier est sorti, très étonné et m'a regardé avec des yeux effarés ; c'est à cela que s'est borné mon acte héroïque, mon brigadier avait de la méfiance pour des meules de paille, il les a contournées et est également revenu bredouille.

« On ne sait jamais s'entourer de trop de précautions nous a dit le capitaine. » Nous en prenons exagérément, autant pour la sécurité du corps que nous éclairons que pour notre plaisir personnel. Nous agissons à notre guise, et, certes, en ralliant l'escadron tout à l'heure, nous serons félicités pour notre zèle.

C'est un jeu évidemment, mais un jeu qui vous grise sans qu'on sans doute ; au bout d'une heure on y est tout entier et, véritablement, il faut se contenir pour ne pas faire prisonniers de guerre tous ces marchands de légumes qui s'acheminent

Fig. 15. — En campagne.

vers la ville avec cet air noncha-lant parti-culier aux espions.

— Brigadier, j'ai joliment soif, et vous?

— Moi j'agonise, voilà une heure que j'agonise: ça m'a pris en passant le gué.

La vue

de l'eau probablement; mais le lieutenant serait furieux s'il apprenait que nous avons mis pied à terre pour nous rafraîchir; j'ai ma responsabilité.

Je fais comprendre à ce scrupuleux brigadier que nous avons dix grandes minutes de loisir avant d'être rejoints par le reste de la patrouille, que d'ailleurs il ne s'agit pas de mettre pied à terre, mais tout simplement d'aller de l'autre côté de la prairie, jusqu'à une cabane dont la cheminée fume au milieu des arbres, pour y avaler une tasse de lait.

Il sourit, nous sourions, et nous voilà galopant tous deux vers la cabane qui fume.

Une grande femme maigre et pâle, coiffée d'un fichu noir, est assise près de la porte et appelle ses canetons!

— Eh! là-bas, dit le brigadier avec son aisance ordinaire; dites-moi, n'y aurait-il pas moyen d'avoir à se rafraîchir dans ces contrées? Il me regarde avec une satisfaction visible et ajoute : En payant, vous m'entendez, la mère, en payant!

La bonne femme ne semblait pas très bien comprendre le sens de ces paroles; elle nous regarde l'un après l'autre, et à la fin ses yeux se fixèrent sur moi comme si ma présence réveillait en elle quelque souvenir lointain. Ce n'était pas seulement de la curiosité, il y avait dans le regard de cette bonne vieille, quelque chose de doux, de tendre, de maternel qui m'enveloppait.

— Êtes-vous sourde? reprit le brigadier qui s'impatientait : à boire... en payant, que diable! donnez-nous n'importe quoi, du vin, de la boisson, du lait. Vous nous regardez là comme des bêtes curieuses, vous n'avez donc jamais vu des dragons?

— Oh! si, j'en ai vu, murmura-t-elle avec un soupir, oh! si!.. Et elle entra dans la cabane en appelant son homme. Au bout d'un instant les deux vieillards vinrent à nous, apportant de la boisson dans un pot et du lait dans une écuelle.

Sans mettre pied à terre nous prîmes les deux vases ébréchés qui nous étaient offerts et nous bûmes comme on boit quand on a trois heures de cheval dans les jambes.

Pendant que j'avais le nez dans ma tasse, je sentis que l'on me glissait quelque chose dans ma poche et je vis la vieille qui, prenant mille précautions pour ne pas être remarquée de mon chef, m'offrait une poire et des prunes qu'elle avait dans la main.

Elle était si émue, et m'offrait cela de si bon cœur que je n'eus même pas envie de rire et ne trouvai pas un mot à lui dire.

Comme le brigadier m'invitait à solder la dépense :

— Vous ne paierez rien, dit le vieux en reprenant les tasses, c'est de bon cœur que je vous offre à boire ; faut pas me faire d'affront en me refusant. Et d'une voix plus basse, comme se parlant à lui-même :

— J'ai eu un fils qu'était dans les dragons.

— Pour lors, c'est par obéissance, fit le brigadier, nous acceptons la politesse ; allons, bien obligés, en avant !...

Pendant que je rassemblais mon cheval, la bonne femme qui ne m'avait pas quitté des yeux, me dit tout bas : — Tu regarderas au fond de ta poche, et puis, mon garçon, si t'as de la misère... ne te fais pas de chagrin... ça tue le chagrin, ça tue... Va, va vite... Il te punirait !...

Un gros sanglot lui coupa la parole et elle m'embrassa la main comme une mère qui dit adieu à son enfant.

Pauvre vieille, je ressemblais sans doute à son fils mort à l'armée, et mon costume avait achevé de l'émouvoir.

Mais le plus étrange de l'aventure, c'est que rentré au quartier, je trouvai dans ma poche une pièce de vingt sous, soigneusement enveloppée dans une feuille de gros papier gris. J'en ai eu les larmes aux yeux.

La chère femme, elle avait voulu faire du bien à un pauvre diable de dragon parei à son fils, elle avait voulu mettre un rayon de soleil dans sa vie en lui rendant possible une petite bombance sous la treille d'un cabaret.

En ma double qualité d'homme moderne et de dragon j'ai des sentiments religieux plutôt émoussés; eh bien, ma foi, avec ces vingt sous là, j'ai fait brûler des cierges pour le repos de l'âme de mon camarade inconnu.

XIII

Les impressions qui me restent de mon
séjour au régiment sont celles-ci :

Il me semble maintenant que les vertus
militaires sont tout simplement des vertus
nécessaires à tout le monde. Le respect du
devoir et de la dignité de chacun, le sacrifice
de son intérêt personnel à un intérêt plus
général; la croyance en un principe d'autorité, placé en dehors de nous et tellement
au-dessus, que notre obéissance en est enno-
blie.

Tous ces sentiments qui constituent l'esprit militaire, ne sont-ils pas aussi les bases
de toute société humaine qui veut durer?

L'armée n'est-elle pas une petite société dans la grande? Pourquoi, ici et là, les conditions d'ordre et de vie sociale ne seraient-elles pas les mêmes?

Quand je pense à ce que deviendrait le régiment si la discipline cessait d'être pendant vingt-quatre heures, je crois me rendre un compte exact du péril et des désastres qui en résulteraient.

Le conscrit qui entre au régiment, doit se croire dans une légende fantastique. La vie matérielle qu'on lui fait mener est, il est vrai, pleine de réalités, mais elle se double tout à coup d'une existence morale au seuil de laquelle il s'arrête comme devant un mystérieux sanctuaire. Il entrevoit tout à coup un monde de pensées et de sentiments inexplicables ayant une phraséologie et des signes extérieurs inconnus.

C'est que, malgré ses côtés prosaïques, la vie du régiment est celle où l'idéal joue le plus grand rôle; idéal tellement intense et pénétrant que, sans exagération poétique, l'esprit militaire peut être considéré comme une religion véritable, ayant son langage, ses dogmes, son culte et ses rites.

Et ce n'est pas seulement aux heures solennelles que cette religion se manifeste : Elle préside à tout.

Pas une action, pas une parole, pas un geste qui ne soit l'expression de cette abstraction qu'on appelle le devoir et qui est d'essence divine, si je ne me trompe.

Que le soldat en ait conscience ou non, sa vie est un poème sacré, le dernier qui subsiste.

Il faut songer que l'abnégation et l'obéissance, qui dans notre société d'affaires et d'affairés passent pour synonymes de platitude et d'incapacité, sont au régiment des vertus respectées, nécessaires et scrupuleusement pratiquées, que ce qu'on appelle la faiblesse et la bêtise, se nomme ici la force et la grandeur.

Faut-il s'étonner si des paysans, des gens simples, ne comprennent pas d'abord cette religion nouvelle pour eux, s'ils sont un peu lents à saisir le sens des mots gloire, valeur, devoir, dignité, lents à se persuader qu'un coup de poing appelle un coup d'épée, qu'il y a déshonneur à fuir le danger, honte même à ne pas aller au-devant, lorsqu'on a un casque sur la tête et un sabre au côté ?

Mais leur éducation se fait sous l'étendard et ils sortent du régiment dégrossis, réconfortés, prêts aussi bien pour les batailles de la vie que pour celles que leur ordonnera le salut et la grandeur de la Patrie.

FIN.

TABLE DES MATIÈRES